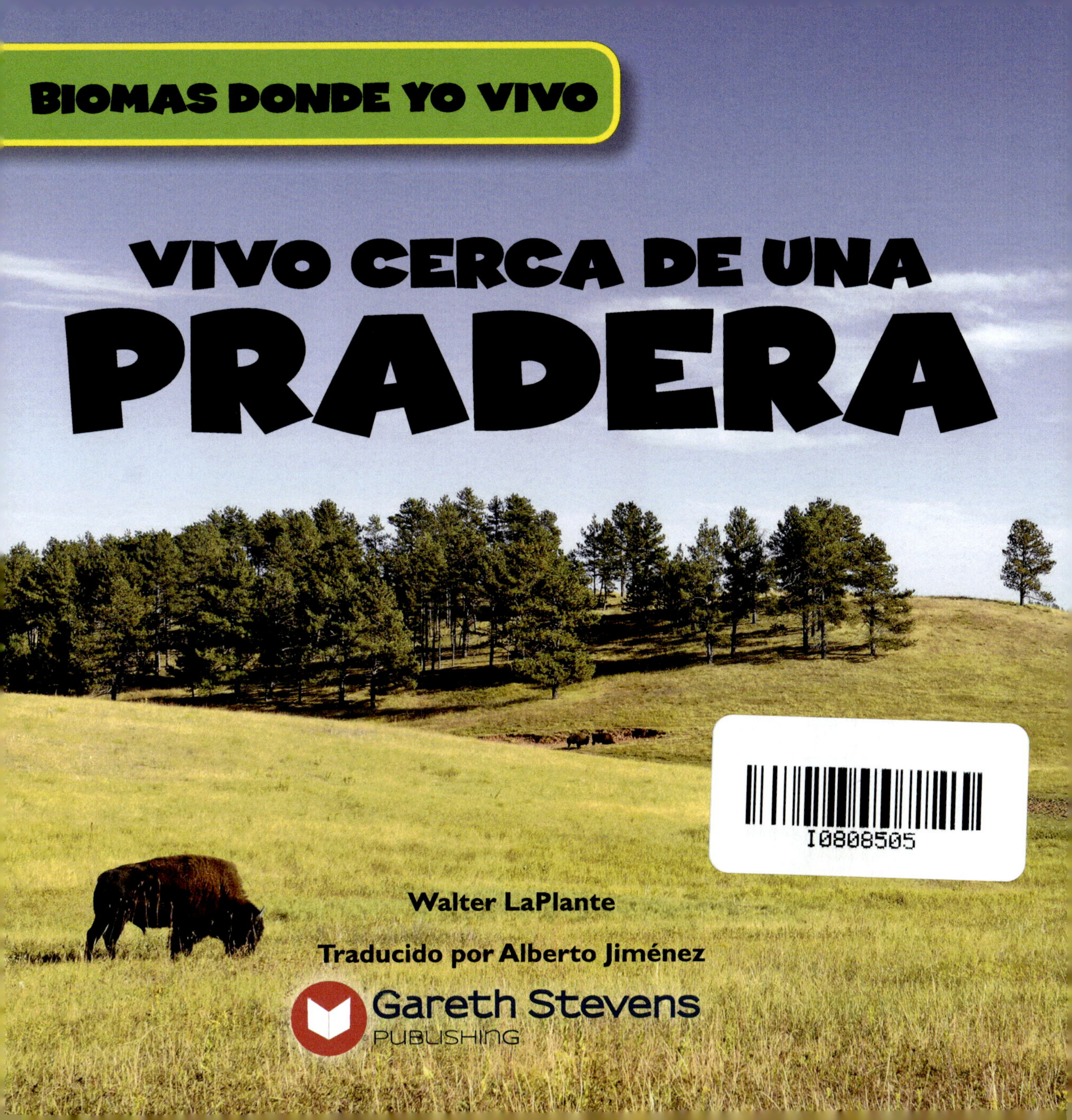

BIOMAS DONDE YO VIVO

VIVO CERCA DE UNA PRADERA

Walter LaPlante

Traducido por Alberto Jiménez

Gareth Stevens
PUBLISHING

Please visit our website, www.garethstevens.com. For a free color catalog of all our high-quality books, call toll free 1-800-542-2595 or fax 1-877-542-2596.

Cataloging-in-Publication Data

Names: LaPlante, Walter, author.
Title: Vivo cerca de una pradera / Walter LaPlante, translated by Alberto Jiménez.
Description: New York : Gareth Stevens Publishing, [2017] | Series: Biomas donde yo vivo | Includes bibliographical references and index.
Identifiers: LCCN 2016025782| ISBN 9781482462098 (pbk.) | ISBN 9781482462104 (library bound) | ISBN 9781482461435 (6 pack)
Subjects: LCSH: Grassland ecology–Juvenile literature. | Lawn ecology–Juvenile literature. | Urban ecology (Biology)–Juvenile literature.
Classification: LCC QH541.5.P7 L38 2017 | DDC 578.75/54–dc23

Published in 2017 by
Gareth Stevens Publishing
111 East 14th Street, Suite 349
New York, NY 10003

Translator: Alberto Jimenez
Editorial Director, Spanish: Nathalie Beullens-Maoui
Editor, English: Kristen Nelson
Designer: Andrea Davison-Bartolotta and Bethany Perl

Photo credits: Cover, p. 1 robert cicchetti/Shutterstock.com; pp. 2–24 (background texture) wongwean/Shutterstock.com; p. 5 Wolfgang Kaehler/LightRocket/Getty Images; p. 7 JaySi/Shutterstock.com; p. 9 (vicuna) Dirk Ercken/Shutterstock.com; p. 9 (map of South America) Bardocz Peter/Shutterstock.com; p. 11 Oleg Znamenskiy/Shutterstock.com; p. 13 Auscape/Universal Images Group/Getty Images; p. 15 Wild Horizon/Universal Images Group/Getty Images; p. 17 (giraffe) Pyty/Shutterstock.com; p. 17 (zebra) Ehrman Photographic/Shutterstock.com; p. 17 (lion) Keith Levit/Shutterstock.com; p.17 (elephant) Donovan van Staden/Shutterstock.com; p. 19 Barcroft Media/Getty Images; p. 21 Volodymyr Burdiak/Shutterstock.com.

Printed in the United States of America

CPSIA compliance information: Batch #CW17GS: For further information contact Gareth Stevens, New York, New York at 1-800-542-2595.

CONTENIDO

Las palabras del glosario se muestran en **negrita** la primera vez que aparecen en el texto.

Mira por tu ventana

Cuando miras hacia fuera, ¿ves mucha hierba y pocos árboles? ¡Tal vez vivas en una pradera! Este **bioma** se encuentra en la parte central de los **continentes** o cerca del océano. En América del Norte, América del Sur, Asia, África y Australia hay praderas.

Las praderas son biomas que reciben suficiente lluvia todos los años, lo que permite que crezcan plantas herbosas muy diferentes. Esta lluvia, sin embargo, no basta para que crezcan árboles. Los pocos que crecen son pequeños, delgados y están lejos unos de otros.

Tipos de praderas

En las praderas **templadas** los veranos son calurosos; las hierbas crecen gracias a las lluvias primaverales y al calor estival, aunque no crecen altas ni fuertes. Durante el invierno no crece hierba debido al frío.

América
del Sur
pampas

En las praderas **tropicales**, o sabanas, se dan altas temperaturas todo el año. Aunque llueve más que en las templadas, hay una estación de muy poca lluvia. En estas praderas las hierbas son muy altas, ¡algunas llegan a superar los 6 pies de altura (1.8 m)!

Estación seca

En las praderas se da un período en que no llueve, la llamada estación seca; la vegetación se incendia entonces con facilidad. Los árboles no suelen **sobrevivir** a la sequía ni a los eventuales fuegos. Sin embargo, las hierbas pueden seguir creciendo bajo tierra aunque las partes que están sobre la superficie se quemen.

¿Qué vive allí?

Las hierbas que ves en las praderas son diferentes según dónde vivas. En las praderas templadas es posible encontrar hierba de búfalo, hierba aguja y hierba galleta. También crecen plantas como girasoles, ásteres y equináceas.

girasol

Los bisontes, los coyotes, los lobos y los perros de la pradera son solo algunos de los animales que puedes ver en las praderas de Norteamérica. Las praderas tropicales de África dan cobijo a jirafas, cebras, leones y elefantes. ¡Imagínate lo que sería ver uno de estos animales cerca de donde tú vives!

jirafa
león
cebra
elefante

Equilibrio del bioma

Todos los seres vivos de las praderas tienen necesidad unos de otros: las hierbas crecen, los animales **pastan** en ellas y se convierten a su vez en presas para los depredadores. Cualquier escasez o superpoblación de plantas o animales puede alterar la **cadena alimentaria**.

Hay gente que construye o siembra en las praderas para vivir; pero cuando en una pradera viven demasiadas personas, los animales se quedan sin hogar. El uso que los seres humanos hacemos del agua, así como la **contaminación**, también dañan el bioma. Si tienes una pradera, ¡cuídala bien!

GLOSARIO

bioma: comunidad natural de plantas y animales, como un bosque o un desierto.

cadena alimentaria: serie de seres vivos que siguen un determinado orden en el que cada uno sirve de alimento al siguiente.

contaminación: basuras o desperdicios perjudiciales para una determinada zona.

continente: una de las siete grandes masas de tierra del planeta.

pastar: comer los animales la hierba en el campo.

sobrevivir: continuar vivo después de superar algo adverso.

templado: lugar de clima suave, ni demasiado caliente ni demasiado frío.

tropical: tiene que ver con las partes cálidas del planeta próximas al ecuador.

PARA MÁS INFORMACIÓN

LIBROS

Higgins, Melissa. *Grassland Ecosystems.* Minneapolis, MN: Core Library, 2016.

Waxman, Laura Hamilton. *Life in a Grassland.* Minneapolis, MN: Bellwether Media, 2016.

SITIOS DE INTERNET

Grassland
kids.nceas.ucsb.edu/biomes/grassland.html
Aprende las diferentes palabras que se usan para las praderas en todo el mundo y otros hechos sobre este bioma.

Grassland Animals
mbgnet.net/sets/grasslnd/animals/
Averigua más cosas sobre los diferentes animales que viven en las praderas del mundo.

Sitios de Internet: Nota del editor a los educadores y padres: nuestro personal especializado ha revisado cuidadosamente estos sitios web para asegurarse de que son apropiados para los estudiantes. Muchos sitios web cambian con frecuencia, por lo que no podemos garantizar que posteriores contenidos que se suban a esas páginas cumplan con nuestros estándares de calidad y valor educativo. Tengan presente que se debe supervisar cuidadosamente a los estudiantes siempre que tengan acceso al Internet.

ÍNDICE